Anselm Grün

Aufbruch zu neuen Ufern

Mit Fotografien von
Jörn Sackermann

HERDER
FREIBURG · BASEL · WIEN

Ausgewählt und herausgegeben von Ludger Hohn-Morisch

Umschlagmotiv: Willi Rolfes
www.herder.de
Gesamtgestaltung: Hartmann und Kampa, München
Satz: Uwe Stohrer, Freiburg i. Br.
Herstellung: fgb . freiburger graphische betriebe 2004
Gedruckt auf umweltfreundlichem,
chlorfrei gebleichtem Papier
ISBN 3-451-28303-4

INHALT

Zum Geleit

Welche Assoziationen kommen dir, wenn du an Sterne denkst? Vielleicht glänzen deine Augen, wenn du von dem Stern sprichst, der dir aufgegangen ist. Es ist etwas eingebrochen in deine Nacht, etwas Glänzendes, etwas Liebes. Mit dem Stern ist Hoffnung in dir aufgekeimt. Der Stern weist dir den Weg. Er begleitet dich. Er macht dein Leben weit. Vielleicht bist du selbst für andere so ein Stern geworden, der ihnen den Weg weist?

Nach Freiheit sehnen wir uns alle …

… denn es tut uns weh, wenn wir uns abhängig fühlen.
Wenn andere Menschen uns bestimmen,
wenn wir in ihrer Nähe nicht anders können,
als ihre Erwartungen zu erfüllen, dann ärgert uns das.
Es ist gegen unsere Würde. Oder wenn wir von unseren
Emotionen oder Gewohnheiten beherrscht werden,
fühlen wir uns nicht wohl.

Im Miteinander fühlen sich viele unfrei. Da fühlen sie sich in Sachzwänge eingebunden. Sie trauen sich nicht, auszubrechen und gegen den Strom zu schwimmen. Da traut sich jemand nicht, frei zu sagen, was er denkt. Er überlegt sich, was der andere von ihm erwartet, was der über ihn denken würde. Er ist nicht er selbst, sondern versucht, der zu sein, den die anderen gerne haben möchten. Aber so entdecke ich nie, wer ich selber bin.

Aufbruch zu neuen Ufern

Wir haben gerade heute den Engel des Aufbruchs nötig, der uns Hoffnung schenkt für unsere Zeit, der uns aufbrechen lässt zu neuen Ufern, damit neue Möglichkeiten des Miteinanders, ein neuer Umgang mit der Schöpfung, neue Phantasie in Politik und Wirtschaft aufblühen können. Dazu gehört auch, dass du selber fest gefügte Vorstellungen und erstarrte Bilder aufbrichst. Das Aufsprengen von inneren Blockaden, die Öffnung von Verschlossenheit, das Aufgeben von alten Gewohnheiten und Besitzständen – das alles eröffnet uns die Möglichkeit, zu neuen Lebensweisen und Lebensabschnitten aufzubrechen.

Oftmals wirst du zögern, weil du nicht weißt, wohin der Weg dich führen wird. Dann mag wohl der Engel des Aufbruchs dir zur Seite stehen und dir Mut für deinen eigenen Weg zusprechen:

„Denn Engel wohnen nebenan,
wohin wir immer ziehn –“ (Emily Dickinson).

Was wünschen wir wirklich?

Es gibt zahlreiche Märchen, in denen der Mensch seine Wünsche äußern darf. Meistens sind es drei Wünsche, die er frei hat. Und es ist gar nicht so leicht, dass der Mensch das wünscht, was ihm wirklich hilft. Meistens hat er anfangs so viele Wünsche, dass er gar nicht weiß, wo er anfangen soll. Aber dann verstrickt er sich in seinen Wünschen. In einem Märchen etwa wünscht sich ein Mann besseres Wetter, dass es nicht mehr regnen solle. Doch darauf merkt er, dass dann nichts mehr wächst. Dann soll es nur nachts regnen. Daraufhin beschwert sich der Nachtwächter. Schließlich lässt er es wieder beim Alten. Seine drei Wünsche gingen ins Leere.

Was wünschen wir wirklich? Was brauchen wir?
Wonach trachten wir, was möchten wir gewinnen?
Wenn wir alle unsere Wünsche zulassen,
entdecken wir oft genug, dass wir eigentlich dankbar sein dürfen
für das Leben. Im Wünschen steckt die Ahnung,
wir könnten uns und unsere Welt von neuem erschaffen.
Aber zugleich spüren wir, dass diese Welt,
dass unser Leben gar nicht so schlecht ist.

Wenn ich mich geliebt weiß

Das deutsche Wort Freiheit kommt von der indogermanischen Wurzel prai. Das heißt: schützen, schonen, gern haben, lieben. Wir sprechen ja auch heute noch von einem Freier. Die Germanen nannten den, den sie liebten und daher schützten, einen freien Menschen. Er konnte frei und vollberechtigt in der Gemeinschaft stehen. Er war frei, ungebunden, unabhängig, nicht beengt. Ich fühle mich frei, wenn ich mich geliebt weiß. Dann muss ich mich nicht nach den Erwartungen der anderen richten. Dann darf ich sein, wie ich bin. Wenn ich mich von einem Menschen geliebt weiß, kann ich in seiner Nähe mich so geben, wie ich mich fühle. Dann muss ich nicht ständig Angst haben, was der andere von mir denken würde. Ich weiß, dass ich bejaht bin.

Die Kraft der Begeisterung

Ich finde Menschen immer erfrischend, die sich für etwas begeistern können. Sie haben eine zündende Idee, wie sie ihre Arbeit anders gestalten. Und sie sind ganz begeistert, dass sie diese Idee gefunden haben. [...] Sie lassen sich begeistern von neuen Wegen. Und sie können auch andere mit ihrer Begeisterung mitreißen. Da wird alles, was sie erleben, intensiv erlebt. Da macht man sich gegenseitig darauf aufmerksam, wie wunderbar die Sonne durch die Wolken hindurchscheint, wie einzigartig dieser Berg über dem Tal emporragt ...

Menschen, die sich begeistern können, können auch andere mitreißen. Von denen geht Leben aus. […] Sie sprühen vor Begeisterung. Sie haben Ideen und wollen uns davon begeistern. Sie können begeisternd erzählen von dem, was sie erlebt haben. Und schon ist da Lebendigkeit und Frische. Da plätschert das Gespräch nicht einfach dahin. Da wird es immer spannend. Da entstehen immer neue Ideen, neue Pläne. Da wird in uns die Lust am Leben geweckt.

Der Engel des Freimuts

Ich spüre, dass ein Freund, eine Freundin in seelischen Nöten steckt. Irgendetwas blockiert sie. Es geht ihnen nicht gut. Ich sehe, wie sie an ihrer Wahrheit vorbeileben. Aber ich traue mich nicht, sie anzusprechen. [...] Vielleicht ist es ihnen unangenehm, wenn ich sie offen auf ihre Situation hinweise. Vielleicht verletze ich sie damit. Und schon verlässt mich mein Mut, und ich bin lieber still. Da bräuchte ich den Engel des Freimuts, der mir Mut macht, die Worte zu sagen, die mir auf der Zunge liegen. Der Engel des Freimuts schenkt mir einen langen Atem, der warten kann, bis der andere die Schwelle seiner Angst überschreitet.

Der Engel an meiner Seite bringt mich in Berührung mit der inneren Ahnung meiner Seele, dass die eigene Freiheit auch die Freiheit des anderen hervorlockt. Und so ermöglicht der Engel der Freimut ein Gespräch, vor dem wir beide Angst hatten, das aber nachher bei uns ein Gefühl der Freiheit, der Freude und der Dankbarkeit hinterlässt.

Ich binde mich in Freiheit

Die innere Freiheit sagt mir, dass über mein wahres Selbst keiner verfügen kann. Sie schenkt mir Unabhängigkeit auch in der Freundschaft. Ich definiere mich nicht vom andern her. Ich bin immer noch ich selbst. Solche Freiheit ist nötig, damit Freundschaft, damit Ehe gelingen kann. [...] Ich binde mich in Freiheit. Und in der Bindung bin ich frei, gibt es in mir einen Raum, über den niemand verfügen kann. Ich wünsche dir, dass der Engel der Freiheit dir solche innere Freiheit schenkt, damit du dich wahrhaft als freier Mensch fühlen und aufrecht leben kannst.

Was dein Weg ist ...

Der weite Weg ist der Weg, den alle gehen. Du musst deinen ganz persönlichen Weg finden. Da genügt es nicht, sich nach den anderen zu richten. Du musst genau hinhören, was dein Weg ist. Und dann musst du dich mutig entscheiden, diesen Weg zu gehen, auch wenn du dich dort sehr einsam fühlst.
Nur dein ganz persönlicher Weg wird dich wachsen lassen und zum wahren Leben führen.

Augenblicke der Achtsamkeit

Achtsamkeit kommt von achten, aufmerken, überlegen, nachdenken. Ich handle überlegt, aufmerksam, bewusst. Ich bin ganz bei dem, was ich tue. [...] Achtsam sein heißt auch, dass ich in jedem Augenblick ganz gegenwärtig bin. Ich spüre das Geheimnis des Augenblicks, das Geheimnis der Zeit, das Geheimnis meines Lebens. Und ich bin mit vollem Wissen und klarer Überlegung bei dem, was ich tue, was ich berühre, womit ich arbeite.

Natürlich kann ich nicht jeden Augenblick bewusst leben. Aber es ist eine gute Übung, täglich einige Zeit bewusst in dieser Achtsamkeit zu leben.
Die Achtsamkeit könnte dann auch zu einem kleinen Ritual werden: Ich verlasse achtsam mein Haus, gehe bewusst durch die Straßen, bin in meinen Sinnen und spüre die kalte Luft, den Wind, der mich durchbläst, oder die Sonne, die mich bescheint.
Ich genieße jeden Schritt. Ich spüre: Ich gehe jetzt, ich bin ganz in meinem Gehen. Ich bin ganz da.

Unter dem Deckel brodelt es

Wir erwarten von uns, dass wir unsere Gefühle immer im Griff haben, dass wir immer funktionieren, dass wir unsere Probleme lösen können. Wenn uns die eigenen Emotionen daran hindern, so reibungslos zu funktionieren, werden wir unruhig und überlegen, wie wir uns wieder in Griff bekommen könnten. Statt unsere Gefühle anzuschauen und sie zu befragen, unterdrücken wir sie, damit wir nach außen hin als sicher erscheinen.

Wir können unsere Probleme nicht zulassen, weil sie unser Selbstbild zerstören.
So müssen wir sie unter Verschluss halten und erzeugen in uns einen beständigen Unruheherd. Er würde nur dann zur Ruhe kommen, wenn wir anschauen, was da unter dem Deckel brodelt, wenn wir nicht bewerten, was wir da sehen, sondern uns damit aussöhnen und es annehmen.
Nur durch einen liebevollen Blick lässt sich Unruhe beruhigen.
Wenn wir etwas mit Gewalt unter Kontrolle bringen wollen, nützt es nichts.

Eine Atmosphäre der Ruhe

Wer sich in aller Ruhe seiner Unruhe stellt, die Ursachen anschaut und nach Wegen sucht, mit sich selbst in Einklang zu kommen, wird die Ruhe finden, nach der er sich sehnt. – Die Unruhe des Einzelnen überträgt sich auf die Familie, auf die Firma, auf die Gemeinde, auf die Gesellschaft. Es ist daher kein Luxus, sich der inneren Unruhe zu stellen. Nur wer in sich ruht, kann sich gegen Trends in der Gesellschaft stellen, die ihn in die Unruhe treiben möchten.

Und nur wer in sich die Ruhe findet, kann um sich herum eine Atmosphäre der Ruhe schaffen, in der andere auch zur Ruhe kommen können. Ruhe kann genauso gut anstecken wie Unruhe. Wir sind verantwortlich für die Atmosphäre, die wir erzeugen, für Ruhe oder Ruhelosigkeit, für Lust am Leben oder für Hetze und Hektik.

Wege zur inneren Ruhe

Der Mönchsvater Poimen weist zwei eigenartige Wege zur inneren Ruhe.
Der erste Weg geht über die immer neue Frage nach der eigenen Identität.
Wer sich bei allem fragt „Ich – wer bin ich?“, von dem fallen alle falschen Selbstbilder ab.
Er hört auf, sich selbst in den Mittelpunkt zu stellen.
Das Ego wird hier als Quelle aller Unruhe gesehen. Das Ego redet ununterbrochen.
Es fragt sich, ob es auch gut ankommt, ob die Menschen es auch beachten,
ob es alles richtig macht usw.

Ich kenne viele Menschen, die nie zur Ruhe kommen, weil sie immer um ihr Ego kreisen, weil sie sich immer fragen, ob sie in ihrem Ego auch nicht zu kurz kommen.
Die Frage, wer ich bin, führt mich mehr und mehr zu meinem eigentlichen Selbst, zu dem Punkt, an dem ich wirklich „Ich“ sagen kann.
Dieses Ich ist letztlich ein Geheimnis. Ich rühre da an das unverfälschte Bild, das Gott sich von mir gemacht hat. Die Frage nach dem wahren Selbst führt mich in den inneren Bereich meines Herzens. Dort kann ich wahre Ruhe finden.

Weg zur Herzensruhe

Der zweite Weg, den Poimen weist, ist der Verzicht auf das Urteilen über andere. Auch wenn wir nicht laut sprechen, so redet unser Herz unaufhörlich über andere. Dieses Urteilen hält uns davon ab, bei uns zu bleiben. Wir sind immer bei den anderen, sind immer darauf aus, bei ihnen Fehler zu entdecken, um unserer eigenen Wahrheit auszuweichen. So kommen wir nie zu uns und nie zur inneren Ruhe, [...] zur Herzensruhe.

„Zur Ruhe kommen“

Ken Wilber vergleicht die Meditation mit dem Eintauchen ins Meer. Oben ist das Meer unruhig. Da gehen die Wellen und Wogen hin und her. Aber je tiefer wir nach unten tauchen, desto ruhiger wird es. Meditation ist das Eintauchen in die innere Ruhe, die auf dem Grund unseres Herzens in uns verborgen ist.
Die Redewendung „zur Ruhe kommen“ meint ja, dass die Ruhe schon da ist, dass wir sie nicht erst herstellen müssen.
Sie ist in uns als ein Raum, zu dem wir hinkommen dürfen. Meditation ist der Weg, auf dem wir zum inneren Ort der Ruhe kommen.

Ganz im Hören

Eine wichtige Erfahrung ist für mich das Hören. In den siebziger Jahren war ich öfter in Todtmoos-Rütte (Schwarzwald) bei Graf Dürckheim. Wenn ich seinen Vorträgen lauschte, so wurde es in mir ganz ruhig. Nach einigen Vorträgen kannte ich mehr oder weniger den Inhalt. Ich konnte mir denken, was er da in etwa sagen werde. Aber das war nicht so wichtig. Von seinem Sprechen ging etwas aus, das in mir Ruhe erzeugte. Die vielen Gedanken kamen zur Ruhe.

Ich grübelte nicht nach, urteilte nicht über das, was er sagte, sondern war ganz im Hören. So geht es mir manchmal, wenn ich eine Bibelstelle höre. Wenn sie gut vorgetragen wird, wenn der Leser ganz im Wort ist, das er vorliest, dann kann ich mich auch völlig auf das Hören einlassen. Ich weiß nachher gar nicht mehr, was ich gehört habe. Aber die Worte haben mich beruhigt, mich zur Ruhe gebracht.
Die Worte haben mich in Berührung gebracht mit dem Grund meines Herzens.

Zeit und Ewigkeit

Ein Ort, an dem die Gegensätze zwischen Gott und Mensch, zwischen Himmel und Erde zusammenfallen, ist der Augenblick, in dem Zeit und Ewigkeit miteinander eins werden. Das ist dann die Erfahrung der Sabbatruhe Gottes. Wahre Ruhe hat immer teil an der Erfahrung der Ewigkeit. Solche Erfahrungen absoluter Ruhe, in denen Zeit und Ewigkeit zusammenfallen, können wir machen, wenn wir in der Betrachtung einer Blume, einer Landschaft, eines Gemäldes aufgehen.

Wenn wir ganz im Schauen sind, dann gibt es keinen Unterschied mehr zwischen Schauendem und Beschautem, dann fallen beide in eins zusammen. Und dann hört auch die Zeit auf. Oder wir können solche Ruhe erahnen, wenn wir einen langsamen Satz von Bach oder Mozart hören, wenn wir ganz Ohr sind, uns von nichts ablenken lassen, ganz im Hören aufgehen. Dann berühren wir mitten in der Zeit die Ewigkeit, dann hört im Hören die Zeit auf.

Stern der Sehnsucht

Der Stern, der am Firmament deines Herzens steht,
ist ein Bild für die Sehnsucht, die dich treibt.
Trau deiner Sehnsucht, folge ihr bis an den äußersten Rand.

Eine Ursehnsucht im Menschen

Es ist eine Ursehnsucht im Menschen, sich einmal gemütlich niederzulassen und sich für immer einzurichten, geborgen und daheim zu sein. Wo es dem Menschen gefällt, dort möchte er seine Zelte aufschlagen und immer dort bleiben. Aber zugleich weiß er auch, dass er sich hier in dieser Welt nicht für immer einrichten kann. Er muss sich ständig von neuem auf den Weg machen, immer wieder aufbrechen. Aufbruch setzt einen Abbruch voraus. Altes muss abgebrochen werden. Es kann nicht immer so weitergehen. Ich kann nicht immer dort bleiben, wo ich gerade bin.

Aufbruch und Verheißung

Jeder Aufbruch macht zuerst einmal Angst. Denn Altes, Vertrautes muss abgebrochen werden. Und während ich abbreche, weiß ich noch nicht, was auf mich zukommt. Das Unbekannte erzeugt in mir ein Gefühl von Angst. Zugleich steckt im Aufbruch eine Verheißung, Verheißung von etwas Neuem, nie Dagewesenem, nie Gesehenem. Wer nicht immer wieder aufbricht, dessen Leben erstarrt. Was sich nicht wandelt, wird alt und stickig. Neue Lebensmöglichkeiten wollen in uns aufbrechen.

Wirklich frei

„Nichts haben, alles besitzen“, so lässt sich die Haltung von Weisen aus allen Religionen, zu allen Zeiten, beschreiben. Nur wer sein Herz an nichts Geschaffenes hängt, wer loslassen kann, woran andere hängen, der ist wirklich frei.

Das eigene Leben leben

Wir alle brauchen Mut, um unser eigenes Leben zu leben, das Leben, das uns von Anbeginn zugedacht ist.
Allzu leicht passen wir uns anderen an, übernehmen ihre Vorstellungen, um nicht gegen den Strom zu schwimmen. Heute herrscht zwar einerseits ein starker Liberalismus, der alles erlaubt. Aber zugleich kann man eine große Uniformität beobachten. [...] Da bedarf es eines großen Mutes, anders zu sein, so zu sein, wie es für mich stimmig und richtig ist.

Sommermorgen

Wenn du im Sommer morgens durch eine taufrische Wiese wanderst, dann fühlst du dich frischer und lebendiger. Dein ganzer Leib wird erfrischt, wenn du barfuß durch die Wiese läufst. Der Tau lädt dich aber auch dazu ein, die Wiese einfach anzuschauen und über das Spiel des Lichtes in den Tropfen zu staunen. Es ist etwas Unberührtes. Du scheust dich, dieses Geheimnisvolle zu zerstören. Es lädt dich ein, einfach zu schauen, zu betrachten, zu staunen.

Der Sommermorgen lässt die Seele wieder froh werden.
Da kann man den Psalmvers gut verstehen:
„Wenn man am Abend auch weint, am Morgen herrscht wieder Jubel“ (Psalm 30,6). Der Tau wischt die Sorgen des vergangenen Tages von der Seele ab und lässt sie wie neu erscheinen.

Lebendig und frei wie nie zuvor

Wer einen andern Menschen liebt, der gibt sich ihm hin.
Er möchte gar nicht ganz bei sich bleiben.
Er möchte beim andern sein. Er möchte sich ihm hingeben,
weil er ihm alles bedeutet. Solche Hingabe ermöglicht
die Erfahrung eines neuen Reichtums.
Wer sich an den geliebten Menschen hingibt,
wird von seiner Liebe so sehr beschenkt, dass er sich
reicher und lebendiger und freier fühlt als zuvor.

Tiefe, Lebendigkeit, Freude

Achtsamkeit ist eine spirituelle Kraft, die meinem Leben neue Würze gibt. Da habe ich das Gefühl, dass ich selber lebe, anstatt gelebt zu werden. Und ich spüre, dass das Leben ein Geheimnis ist, voller Tiefe, voller Lebendigkeit, voller Freude.

Sehnsucht nach dem Meer

Von Saint-Exupéry stammt das berühmte Wort: „Wenn du ein Schiff bauen willst, lehre die Menschen die Sehnsucht nach dem Meer.“ In der Sehnsucht steckt also eine Kraft, die uns befähigt, Utopien ganz konkret anzugehen. Die Sehnsucht hat die Menschen des Mittelalters dazu angetrieben, hohe Dome zu bauen. Diese Baukunst lebte von der Sehnsucht. Die Musik lebt von der Sehnsucht. Sie öffnet ein Fenster zum Himmel. Jede Kunst ist letztlich Vorschein des Ewigen, noch nie Dagewesenen, Ausdruck der Sehnsucht nach dem ganz anderen.

Sehnsucht hat die Kraft, Beton zu sprengen, den Panzer zu knacken, den wir um uns aufgebaut haben, um unempfindlich zu sein gegenüber der anderen Welt. Sehnsucht öffnet unsere enge Welt. Sie hält den Horizont über uns offen. Die Sehnsucht verschließt sich nicht den erschreckenden Tatsachen des Lebens. Sie setzt uns auf die Spur der Hoffnung, die uns der Realität ins Auge sehen lässt, ohne daran zu verzweifeln.

Mach einen Umweg

„Wenn du es eilig hast, mach einen Umweg“, so lautet ein asiatisches Sprichwort. Wer zielgerichtet auf das losgeht, was er vollbringen möchte, vergisst oft das Wichtigste. Er ist so fixiert auf die kurzfristige Erfüllung seiner Aufgabe, dass er gar nicht bedenkt, wie er die Aufgabe sinnvoll bewältigen kann und was alles in den Blick genommen werden muss. Wer auf dem Weg zu seiner Aufgabe einen Umweg in Kauf nimmt, der gewinnt Zeit nachzudenken, was wirklich zu tun ist. Er wird die Aufgabe effektiver vollbringen, weil er einen größeren Horizont gewonnen hat.

Wie die Kraft der Vogelschwingen

Die seit ihrer frühen Jugend gelähmte Schriftstellerin Zenta Maurina hat Freunde als Quelle ihres Lebens erfahren, als Quelle auch der Kraft, dieses behinderte Leben in einer guten Weise zu meistern: „Was für den Vogel die Kraft der Schwingen, das ist für den Menschen die Freundschaft; sie erhebt ihn über den Staub der Erde.“ In der Tat: Der Freund an der Seite ist wie ein Vogel, der mich auf dem beschwerlichen Weg meines Lebens emporhebt, damit ich leichten Schrittes den Weg weitergehen kann, ohne über jeden Stein zu stolpern, der sich mir in den Weg legt.

Freiräume

Es gibt Freunde, die sich jahrelang nicht sehen und nicht miteinander kommunizieren. Doch sobald sie sich treffen, flammt die Freundschaft wieder auf. Die Liebe und das Verstehen strömen zwischen den beiden, als ob sie sich erst gestern getrennt hätten. Sie sind miteinander vertraut. Sie kommen in der Erzählung sofort zum Wesentlichen. Sie berühren einander. Sie werden eins in ihrem Herzen. Sie haben sich gegenseitig in die Freiheit entlassen, ohne ihre Liebe zueinander zu verlieren.

Das Verhältnis von Freiheit und Liebe wird bei jedem Freundespaar anders sein. Immer wenn ich einen Freund gern habe, entsteht auch ein Stück Abhängigkeit. Wenn ich mir dieser Abhängigkeit bewusst werde, kann ich mich davon distanzieren und den Freund bewusst freilassen. Echte Freundschaft zeichnet sich durch innere Freiheit aus. Ich darf sagen, was ich fühle, ohne alles berechnen zu müssen. Ich bin frei, den Weg zu gehen, den ich als richtig erkannt habe. Und ich lasse auch dem Freund den Freiraum, den er für sein Leben braucht.

Loslassen, Leben gewinnen

„Wer an seinem Leben hängt, verliert es; wer aber sein Leben in dieser Welt gering achtet, wird es bewahren bis ins ewige Leben." Dieser Satz steht im Evangelium des Johannes (Joh 12,24f). Wir müssen demnach uns und unsere Vorstellungen vom Leben loslassen, dann wird sich uns ein Raum von neuen Möglichkeiten auftun. Wir müssen den Nächsten loslassen, dann wird wirkliche Beziehung möglich. Eine Partnerschaft kann nur bestehen, wenn einer den andern auch loslässt und freilässt.

Wenn Herz mit Herz sich verbindet

Fehler und Schwächen können etwas Liebenswürdiges sein.
Aber es hängt an meiner Sicht. Wenn ich geduldig den anderen sein lasse, wie er ist, dann werde ich ihn in seiner Einmaligkeit immer mehr lieb gewinnen. Und die Fehler und Schwächen sind nicht mehr so wichtig.
Wenn das Herz sich mit dem Herzen des andern verbindet, dann stören die Begrenztheiten nicht, dann übt man sich in Geduld, dann freut man sich am Sein des anderen. Wer auch mit sich Geduld hat, der allein ist fähig, den anderen zu lassen und zu lieben, wie er ist.

Das Rad ist zerbrochen – du bist frei

Jeder darf sich selber die Frage stellen: Woraus schöpfst du? Was sind deine Wurzeln? Was prägt dein Denken und Fühlen? Und auch dieser positive Impuls kann im Leben jedes Einzelnen weiterwirken: Schaue dankbar auf das zurück, was du von den Menschen hast, die vor dir waren, von Ideen, die andere in diese Welt bringen. Auch durch dich selber will Neues aufleuchten.[...] Gestalte dein Leben neu, so wie der ewig neue Gott es dir zutraut.

Hab den Mut, dein eigenes Leben zu leben. Du bist nicht festgelegt durch das Rad deiner Lebensmuster, die sich mit ihren spitzen Nägeln in dich einbohren. Ein Engel wird auch deine Lebensräder zerstören, damit du dein eigenes Leben leben kannst. Du bist nicht dazu verdammt, die Situationen des Verletztwerdens aus deiner Kindheit zu wiederholen. Das Rad ist zerbrochen. Du bist frei. Nun lebe aus der Weisheit, die Gott auch dir geschenkt hat.

Mich an nichts klammern

Immer wieder in unserem Leben geht es ums Loslassen, Loslassen von Sicherheiten, von Besitz, nicht nur von materiellem Besitz. Immer wieder sind wir in unserem Leben herausgefordert, uns von manch lieben Vorstellungen zu lösen, um uns immer wieder neu auf neue Wege führen zu lassen. Letztlich geht es darum, uns selbst loszulassen.
Reifung kann nur geschehen, wenn wir uns loslassen, wenn wir es aufgeben, uns festzukrallen an unserer Gesundheit, an unserer Kraft, an unserer Position.

Vielleicht geht es uns wie dem Landpfarrer bei Bernanos, der kurz vor seinem Tod betet:
„Du hast mich ganz und gar entblößt, wie nur du zu entblößen vermagst.“ Aber darin erfährt er auch Freiheit. Darin erfährt er, dass er sich ganz und gar diesem Gott zur Verfügung stellen darf und gerade dadurch fruchtbar wird für diese Welt.

Sich selbst vergessen können

George Bernanos sagte einmal: „Es ist eine große Gnade, sich selbst annehmen zu können. Aber die Gnade aller Gnaden ist, sich selbst vergessen zu können.“ […] – wem das gelingt, der hat bereits eine Ahnung der Ewigkeit, wo wir in Gott für immer leben werden. Es ist auch eine Erfahrung großer Freiheit. Freiheit ist nicht eine Leistung, die ich erbringen kann. Sie ist viel mehr dies: Ausdruck dafür, dass ich so lebe, wie es mir gemäß ist und wie es meiner Begrenzung und zugleich meinen Kräften entspricht. Die wahre Freiheit besteht darin, selbstlos lieben zu können.

Heilkraft deiner Wunden

Dort, wo mich Menschen verletzen und verwunden, dort ist auch der Weg zum wahren Leben. Dort erahne ich, dass es in mir ein anderes Leben gibt, als vor den Menschen gut dazustehen, dass gerade in meiner Schwäche die Kraft Gottes zur Vollendung kommt. Jeder Mensch hat seine Wunden.
Was sind deine Wunden? Du erkennst sie, wenn du deine empfindlichen Stellen anschaust. Wo reagierst du unangemessen auf Kritik?
Schau deine Wunden an und versöhne dich mit ihnen. Die Wunde öffnet dich für dein wahres Selbst. Die Wunde hält dich lebendig. Sie zwingt dich, weiter an dir zu arbeiten und zu wachsen. [...] Betrachte deine Wunden und entdecke in ihnen das Leben, das in dir strömt.

In Berührung mit meiner Sehnsucht

Die Sehnsucht ist das Wertvollste, das der Mensch in sich trägt. Sie ist der Anker, den Gott in unser Herz geworfen hat, um uns daran zu erinnern, dass unser Herz im Vorläufigen nicht zur Ruhe kommt. In der Sehnsucht ist in uns schon etwas, das diese Welt übersteigt, über das daher die Welt keine Macht hat. Die Sehnsucht macht den Menschen heilig.

Für den Menschen, der mit seiner Sehnsucht in Berührung ist, relativieren sich seine Probleme, seine Krankheiten, seine Verletzungen. Ja er spürt, dass all das, worunter er leidet, seine Sehnsucht noch mehr anstachelt. In seiner Sehnsucht berührt er Gott. Die Sehnsucht ist die Spur, die er selbst in unser Herz gelegt hat. Wenn wir unsere Sehnsucht spüren, dann spüren und erfahren wir seine Liebe mitten in der Kälte und Dunkelheit dieser Welt.

Aus einer tieferen Quelle

Unzerstörbare und dauerhafte Freude zeigt sich gerade in äußeren Widrigkeiten. Auch in deinem Herzen ist die Freude schon da. Du bist oft nur davon abgeschnitten.
Komm in Berührung mit deiner Freude. Lass dich von ihr beseelen. Dann wird dein Leben nicht mehr bestimmt von Anerkennung und Zuwendung, von Erfolg oder Misserfolg, sondern von der inneren Freude und Freiheit, die in dir sind und dir nicht genommen werden können, weil sie aus einer tieferen Quelle kommen.

Über mich lachen können

Heiterkeit lässt sich nicht verordnen. Hab den Mut, dich wegen deiner Fehler und Schwächen nicht mehr anzuklagen, sondern darüber zu lachen. [...]
Du kannst heiter sein, wenn du die Leichtigkeit des Seins verspürst, die ihren Grund hat in einem abgrundtiefen Vertrauen in Gottes grenzenlose Barmherzigkeit. Wenn dir seine barmherzige Liebe aufgegangen ist, dann wirst du über vieles, was dich heute noch bedrückt, lachen können und in heiterer Freiheit deinen Weg voll Vertrauen weitergehen.

Ein Frosch im Brunnen

„Ein Frosch, der im Brunnen lebt, beurteilt das Ausmaß des Himmels nach dem Brunnenrand.“ So lautet ein mongolisches Sprichwort. Die Mongolen sind ein Volk, das die Weite der Steppe liebt. Ihre Beweglichkeit und ihr Drang nach Offenheit sind aus der Geschichte bekannt. Und diese Eigenschaften prägen noch heute die nomadisierenden Stämme. Das zitierte Sprichwort macht ihre Weisheit gegenüber jeglicher geistigen Enge deutlich.

Manchmal gleichen wir selbst dem Frosch, der das Ausmaß des Himmels nach dem Brunnenrand beurteilt. Wir sehen nur das Vordergründige. Der Frosch schwimmt im Wasser und blickt nur manchmal nach oben. So schwimmen wir in den vielen Aufgaben unseres Alltags. Ab und zu erheben wir unseren Blick und sehen den Himmel. Doch wir erkennen nicht seine unendliche Weite. [...] Wer in sich die Sehnsucht nach einer Welt trägt, die alles Diesseitige übersteigt, hat den rechten Blick für diese Welt. Sie ist nicht mehr alles für ihn. Die Sehnsucht korrigiert das, was er sieht, so dass alles sein rechtes Maß bekommt.

Die Reise zu sich selbst

Sehnsucht nach Heimat und Geborgenheit ist eine tief verwurzelte Emotion. Es gibt aber auch das entgegengesetzte Gefühl. Es zielt auf das Neue, das Abenteuer. Die zahllosen Reisenden, die sich jedes Jahr auf den Weg in ferne Länder machen, sind im Grunde von einem tiefen Fernweh getrieben. Dieses Fernweh ist die Sehnsucht nach dem ganz Anderen, das sie erleben möchten. Sie möchten aussteigen aus dem gewohnten Trott. Sie möchten in der Ferne das unverfälschte Leben in seiner Ursprünglichkeit spüren.

„Fernweh erledigt sich nicht damit, dass man ein Schiff besteigt; oft ist es sogar nichts anderes als eine Form von Heimweh – die Sehnsucht nach dem Unbekannten oder noch nicht Entdeckten in uns selbst“ (John Cheever). Viele suchen in der Ferne die Heimat, die sie dort, wo sie wohnen, verloren haben. Doch letztlich sind sie auf der Reise nach sich selbst. In der Ferne suchen sie das, was eigentlich so nahe ist: das Geheimnis ihres eigenen Herzens, den inneren Raum, in dem sie wahrhaft zu Hause sein dürfen.

Freiheit, die zur Fessel wird

Die Sehnsucht – so der Psychologe und spirituelle Schriftsteller Anthony de Mello – kann zu einer Fessel werden: „Sogar die Sehnsucht nach Freiheit ist eine Fessel. Niemand ist wirklich frei, der sich um seine Freiheit sorgt. Nur die Zufriedenen sind frei."
Es geht immer um das rechte Maß. Wenn ich immer nur um meine Sehnsucht nach Freiheit kreise, dann wird die Sehnsucht zu einer Sorge. Und wenn ich mich um meine Freiheit sorge, dann bin ich nicht frei. Frei werde ich nur, wenn ich ja sage zu mir selbst. Wichtig ist, dass ich mich aussöhne mit mir, so wie ich bin.
Die echte Sehnsucht führt zur Aussöhnung – auch mit meiner Brüchigkeit und Begrenztheit. Die einengende und fesselnde Sehnsucht dagegen übergeht meine jetzige Realität. Ja, sie lehnt sie ab. Sie gibt sich erst zufrieden, wenn die Sehnsucht erfüllt wird. Damit aber nehme ich gar nicht wahr, dass ich jetzt im Augenblick schon alles habe, wenn ich nur ganz eins bin mit mir und mit Gott.

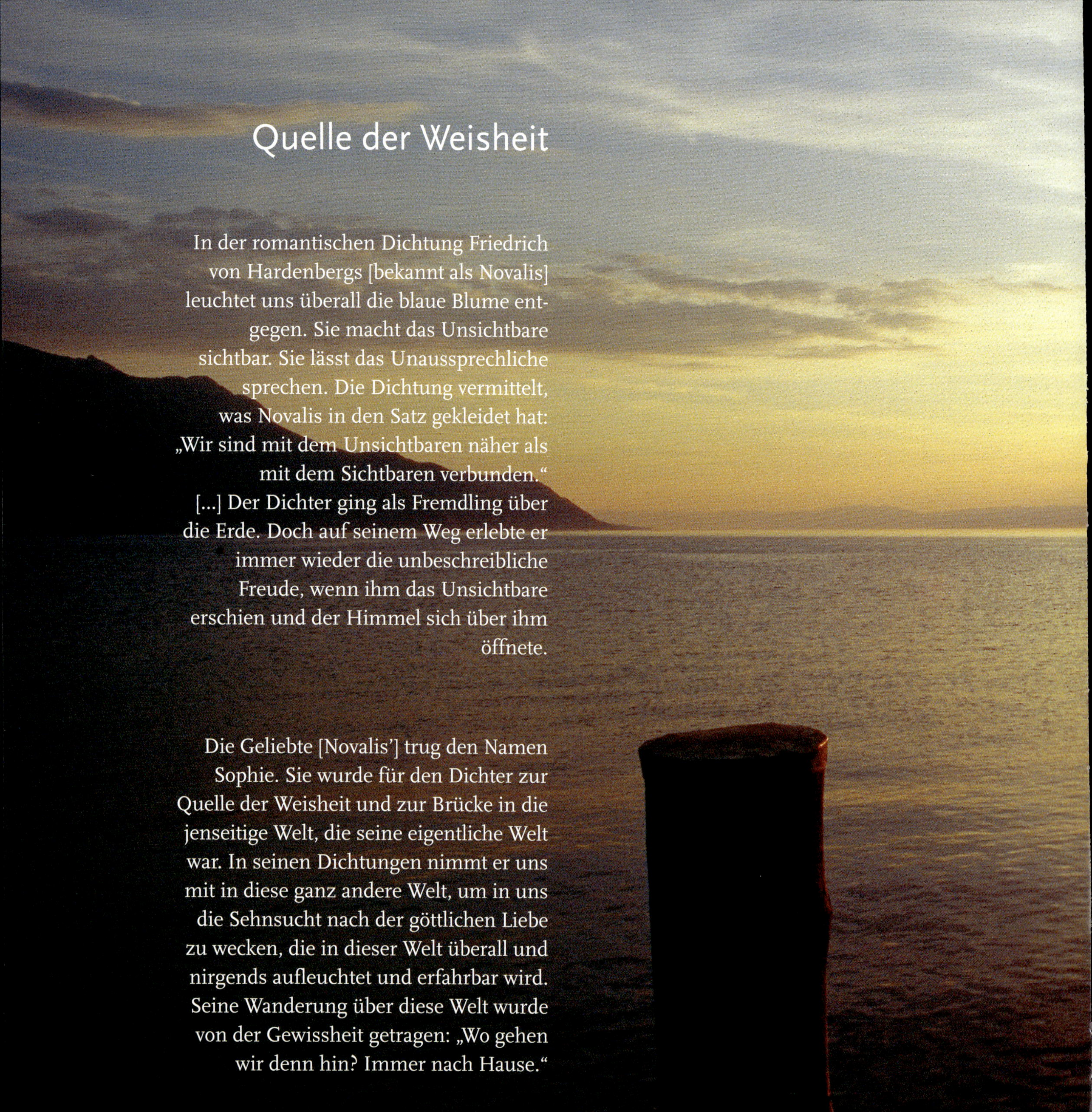

Quelle der Weisheit

In der romantischen Dichtung Friedrich von Hardenbergs [bekannt als Novalis] leuchtet uns überall die blaue Blume entgegen. Sie macht das Unsichtbare sichtbar. Sie lässt das Unaussprechliche sprechen. Die Dichtung vermittelt, was Novalis in den Satz gekleidet hat: „Wir sind mit dem Unsichtbaren näher als mit dem Sichtbaren verbunden.“ [...] Der Dichter ging als Fremdling über die Erde. Doch auf seinem Weg erlebte er immer wieder die unbeschreibliche Freude, wenn ihm das Unsichtbare erschien und der Himmel sich über ihm öffnete.

Die Geliebte [Novalis’] trug den Namen Sophie. Sie wurde für den Dichter zur Quelle der Weisheit und zur Brücke in die jenseitige Welt, die seine eigentliche Welt war. In seinen Dichtungen nimmt er uns mit in diese ganz andere Welt, um in uns die Sehnsucht nach der göttlichen Liebe zu wecken, die in dieser Welt überall und nirgends aufleuchtet und erfahrbar wird. Seine Wanderung über diese Welt wurde von der Gewissheit getragen: „Wo gehen wir denn hin? Immer nach Hause.“

Sehnsucht nach Liebe ist Liebe

Jeder Mensch sehnt sich danach, zu lieben und geliebt zu werden. Ich höre immer wieder Menschen darüber klagen, dass niemand sie liebt, dass sie keinen haben, der sie einmal in den Arm nimmt. Sie sehnen sich nach einem Menschen, der sie zärtlich streichelt, von dem sie sich geliebt fühlen, für den sie der wichtigste Mensch auf der Welt sind. Da können die Worte des französischen Dichters Antoine de Saint-Exupéry verblüffend klingen, die in einem seiner Briefe stehen: „Ich sagte dir schon, die Sehnsucht nach Liebe ist Liebe."

Die Sehnsucht nach Liebe ist bereits Liebe? Dieser Satz hat in der Tat etwas Tröstliches, wenn man seiner Wahrheit auf den Grund geht. In der Sehnsucht nach Liebe drücke ich ja aus, dass ich liebesfähig bin. Die Sehnsucht nach Liebe enthält also bereits Liebe. Ich erfahre in der Sehnsucht die Liebe, nach der ich mich sehne. Auch wenn ich die Liebe nicht spüren kann, so kann ich doch die Sehnsucht spüren. Ich kann meine Hand aufs Herz legen und die Sehnsucht nach Liebe fühlen, die in meinem Herzen auftaucht.

Mit gezogener Handbremse

Der psychologisch geschulte Seelenkenner Anthony de Mello sieht in der Sehnsucht auch eine Gefahr. [...] Die gesunde Sehnsucht ermöglicht es mir, ja zu sagen zu meinem Leben, auch mit seiner Banalität und Durchschnittlichkeit. Es gibt aber auch eine andere Sehnsucht, die nie zufrieden ist und immer mehr möchte. Von ihr sagt de Mello: „Viele meinen, wenn sie keine Sehnsüchte hätten, wären sie wie ein Stück Holz. In Wirklichkeit würden sie jedoch nur ihre Verspanntheit verlieren. Befreien Sie sich von Ihrer Angst zu versagen, von Ihrer Anspannung, Erfolg haben zu müssen, und Sie werden bald Sie selbst sein – entspannt. Sie werden dann nicht mehr mit angezogener Handbremse fahren."

Die Sehnsucht, von der de Mello hier spricht, führt den Menschen weg vom Augenblick, in dem das Entscheidende geschieht. Anstatt in der Gegenwart zu leben, spannen sich manche Menschen mit ihrer Sehnsucht aus nach der Zukunft und suchen dort das Leben. Doch wenn ich das, was Leben ausmacht, nicht im Augenblick finde, werde ich es auch nicht in der Zukunft wahrnehmen.

Der Baum unseres Lebens

„Das ist mein Streit:
Sehnsuchtgeweiht durch alle Tage schweifen.
Dann, stark und breit, mit tausend Wurzelstreifen
tief ins Leben greifen
und durch das Leid weit aus dem Leben reifen,
weit aus der Zeit!“

Es ist ein ungewohntes Bild, das Rainer Maria Rilke hier vom menschlichen Leben zeichnet:
Wir sind dazu bestimmt, unsere Tage sehnsuchtsvoll zu leben, ja, wir sind der Sehnsucht geweiht. [...]
In der Sehnsucht sind wir von Gott berührt. Aber dieses Geweihtsein, dieses Heiligsein durch die Sehnsucht, drängt uns dazu, durch die Tage zu schweifen, uns nirgends festzusetzen, immer weiterzugehen. Das ist der eine Pol unseres Lebens.

Der andere Pol besteht darin, Wurzeln in dieser Welt zu schlagen. Wir sollen uns ins Leben einwurzeln, tief in den Boden unseres Lebens eindringen.
Für Rilke ist es das Leid, das unseren Baum reifen lässt. Dieses zeigt uns, dass wir hier keinen letzten Grund haben. Der Baum unseres Lebens greift über unsere Zeit hinaus ins Ewige hinein. In dieser Spannung müssen wir leben: zwischen der Sehnsucht, die uns immerzu wandern lässt, und dem Drang, uns einzuwurzeln.

Ein Licht anzünden

Mir scheint, dass zur Zeit die Sehnsucht nach Erleuchtung – und das heißt nach Lebendigkeit, nach Angstfreiheit, nach Begegnung mit der Wirklichkeit – bei vielen Zeitgenossen sehr stark ist. Viele suchen hartnäckig nach ihr, selbst ohne es zu wissen. Mich macht bei Vorträgen oder Gesprächen glücklich, wenn ich sehe, wie sich die Gesichter der Menschen mit der Zeit erhellen. Und aus der therapeutischen Praxis und der geistlichen Begleitung von Menschen wissen wir: Ein Depressiver, der einen Lichttraum hat, beginnt zu genesen.

Wer in seinem Leben das Licht anzündet und den Sinn seines Daseins begreift, vertreibt die Angst, verscheucht seine Illusionen und bereichert sein Leben. – Es macht auf diesem Hintergrund eines bildhaften Denkens viel Sinn, dass man die Taufe im frühen Christentum „Erleuchtung“ nannte. Der erleuchtete Mensch ist ein lebendiger Mensch.

„Binde deinen Karren an einen Stern!“

Wer einen Karren fährt, muss gut auf den Weg achten. Sonst stürzt der Karren um. Wir schieben den Karren vor uns her und schauen nach unten, damit wir die Hindernisse sehen, die auf dem Weg liegen. Leonardo da Vinci gibt uns einen anderen Rat: „Binde deinen Karren an einen Stern!“

Was bedeutet es, das Alltägliche, das wir tun, an einen Stern zu binden? Dieser große und geniale Künstler der Renaissance ist überzeugt: Wir müssen uns an den Sternen orientieren, nicht am Boden. Sonst – so meint er – werden wir blind. [...] Wer seinen Karren an einen Stern bindet, der sieht über die Hindernisse hinweg und bleibt nicht an ihnen haften. Sein Ziel liegt jenseits des Augenscheinlichen und Banalen. Deshalb kann er seinen Karren in Gelassenheit und Freiheit weiterziehen. Weil sein Herz an den Stern geheftet ist, verliert es die Dumpfheit des Alltags. Es wird leicht. Es erhebt sich über die täglichen Hindernisse, mit dem gelassenen Wissen um den Stern, der ihm leuchtet und der auf einen anderen Horizont hinweist, auf ein jenseitiges Land.

Der Wirklichkeit des Herzens trauen

Der wahrhaftige Mensch ist immer auch frei. Denn allein die Wahrheit wird uns frei machen. Es gibt heute so viele Menschen, die ihrer eigenen Wahrheit aus dem Weg gehen. Sie haben Angst, sich der Wirklichkeit ihres Herzens zu stellen. Sie geraten in Panik, wenn sie einmal still sein sollen. Denn da könnte ja in ihnen etwas auftauchen, was ihnen unangenehm ist. So müssen sie sich ständig beschäftigen, nur um der eigenen Wahrheit aus dem Weg zu gehen. Sie sind ständig getrieben und gehetzt. Das Schlimmste, was ihnen passieren kann, ist ein Augenblick, in dem nichts los ist, in dem die eigene Wahrheit ans Licht kommen könnte.

Zeit ist wie Ewigkeit

Indem wir ganz im Augenblick sind, fallen Vergangenheit und Zukunft in eins. Schweigend kann ich versuchen, ganz im Augenblick zu sein. Dann taucht eine Ahnung auf, dass da Zeit und Ewigkeit miteinander eins sind. Das ist das tiefste Geheimnis der Zeit, dass die Ewigkeit selbst einbricht in unsere Zeit, dass im Augenblick das Rinnende der Zeit aufgehoben ist und die Zeit stehen zu bleiben scheint. Angelus Silesius hat dieser Erfahrung unvergesslichen Ausdruck gegeben: „Zeit ist wie Ewigkeit und Ewigkeit wie Zeit, so du nur selber nicht machst einen Unterschied. Ich selbst bin Ewigkeit, und wenn ich die Zeit verlasse und mich in Gott und Gott in mich zusammenfasse."

Leben drängt zur Verwandlung

Das Leben verwandelt uns, wenn wir uns ihm stellen. Schau in dein Leben hinein und frage dich: Was hat dich am meisten verwandelt? Waren es selbst gesuchte Wege? Oder waren es Ereignisse, die dir in die Quere kamen, die dich auf den glühenden Rost legten, bei denen du das Gefühl hattest, nicht mehr weiterleben zu können? Du musst gar nicht auf die Suche gehen nach dem, was dich wandelt. Lass die Verwandlung geschehen, zu der dich das Leben drängt.

Freiheit und Geborgenheit

Wir alle brauchen etwas anderes, das nicht verhallt wie der Applaus. Jeder von uns braucht den Reichtum in seinem Inneren: einen inneren Frieden, eine Ahnung von seiner Würde und von einer absoluten Freiheit und Geborgenheit. Nicht in der Ferne, in die er jagt, nicht im Rampenlicht, nach dem sich mancher sehnt, sondern in ihm selbst ist das, wonach er sich im Tiefsten sehnt: Authentizität, Geborgenheit, Liebe, Freiheit, Würde, Leben, Wahrheit, Klarheit und Licht.

Die tägliche Übung

Achtsamkeit in allem Tun – das gibt meinem Leben
einen zarten Hauch. Ich bin ganz gegenwärtig,
ganz eins mit mir und den Dingen.
Aber diese Achtsamkeit ist uns nicht einfach geschenkt.
Sie muss täglich geübt werden.

Ich wünsche mir …

Ich sehne mich nach einer Sprache, die verbindet,
einer Sprache, die aufweckt, einer Sprache,
die ein neues Miteinander ermöglicht, einer Sprache,
die das Unaussprechliche ausspricht, das Unhörbare
hörbar macht. Ich wünsche mir eine Sprache,
die Leben weckt und aufrichtet, die ermutigt,
klärt und befreit.

Was ich erhoffe

Ich hoffe auf eine Menschengemeinschaft, die einen Raum schafft, in der Gebeugte sich aufrichten, Aussätzige sich annehmen, Gelähmte gehen, Blinde sehen, Erstarrte und Tote wieder aufstehen zum Leben. Und ich glaube, dass in unserer so unerlösten Welt Heil und Erlösung wirksam werden, unsere Wunden geheilt und zu Perlen verwandelt werden und dass Gott unsere Verletzungsgeschichte verwandelt in eine Geschichte des Aufgebrochenwerdens für das Heil.

Chance einer Neugeburt

Wir müssen in unserem Leben immer wieder von neuem geboren werden, damit unser Leben lebendig bleibt. Eine Krise, die alles zerbricht, was wir bisher aufgebaut haben, kann eine Chance zu einer Neugeburt sein. Das Feuer, in das wir geraten, kann ein Bild für das Neue sein, das in uns geboren werden will.

Unter dem Stern der Freiheit

Ich hoffe, dass dadurch Hoffnung in den Herzen der Menschen geweckt wird, Versöhnung, Frieden und Liebe. Ich hoffe, dass die Menschen, die sich selbst entfremdet sind, eine Liebe erfahren und leben, die nicht mehr vermischt ist mit Besitzansprüchen, eine Liebe, die strömt und die Menschen verzaubert, die einen neuen Geschmack des Lebens hinterlässt – unter dem Stern der Freiheit.

TEXTQUELLEN

Die Texte dieses Buches wurden aus folgenden, im Verlag Herder erschienenen Büchern von Anselm Grün ausgewählt:

Buch der Lebenskunst
Hrsg. v. Anton Lichtenauer
5. Auflage, Freiburg i. Br. 2003.

Buch der Sehnsucht
Hrsg. v. Anton Lichtenauer
Freiburg i. Br. 2003.

Engel für das Leben
Sonderausgabe, Freiburg i. Br. 2001.

50 Engel für das Jahr
23. Auflage, Freiburg i. Br. 2003.

50 Helfer in der Not
Die Heiligen fürs Leben entdecken
3. Auflage, Freiburg i. Br. 2003.

Herzensruhe
Im Einklang mit sich selber sein
4. Auflage, Freiburg i. Br. 1999.

Jeder Mensch hat einen Engel
11. Auflage, Freiburg i. Br. 2003.

Vergiss das Beste nicht
Inspiration für jeden Tag
Hrsg. v. Anton Lichtenauer
6. Auflage, Freiburg i. Br. 2003.

Weihnachten – Einen neuen Anfang feiern
Fest zwischen den Zeiten
2. Auflage, Freiburg i. Br. 1999.

In gleicher Ausstattung erschienen:

Pierre Stutz
Wurzeln des Lebens
Mit 40 Farbfotografien
von Jörn Sackermann
ISBN 3-451-28058-2

Anthony de Mello
Kraft aus der Stille
Mit 40 Farbfotografien
von Jörn Sackermann
ISBN 3-451-28179-1